LETTRE

DE L'AUTEUR

DES LOIX CRIMINELLES,

Au sujet des nouveaux Plans de Réforme proposés en cette Matiere.

PENETRÉ, comme vous l'êtes, Monsieur, du respect dû aux Loix, vous n'avez pu voir sans doute qu'avec étonnement, que dans un Gouvernement aussi policé que le nôtre, il se répande depuis quelque tems diverses Brochures, dont les unes ont même été couronnées pa

A

des Académies, où fous prétexte de vouloir réformer notre Légiflation fur les matieres Criminelles, on ne cherche rien moins qu'à la bouleverfer entiérement, en s'efforçant de faire regarder les Codes qui la contiennent, comme un amas monftrueux de productions gothiques qui fe reffent, *dit-on*, de la barbarie des premiers fiecles.

Vous avez toujours penfé comme moi, Monfieur, que pour qu'il y ait lieu à une Réforme de Loix, & fur-tout de Loix Criminelles qui font toutes de Droit pofitif, & ne font proprement que le réfultat de l'expérience, il faut fuppofer néceffairement deux chofes ; d'une part, que cette même expérience a fait voir que depuis la publication de ces Loix, il eft furvenu quelques abus, quelques inconvéniens dangereux auxquels il eft important de remédier ; & de l'autre, que comme c'eft moins par des raifonne-

mens que par des exemples que peuvent
se constater ces abus ; ce n'est aussi que
sur les réclamations des Magistrats &
autres Personnes chargées de l'exécution
de ces mêmes Loix , comme étant plus
à portée de découvrir ces abus & d'en
indiquer les remèdes, que devroit s'o-
pérer la Réforme qui seroit à faire en pareil cas. Combien n'a donc pas dû augmenter votre surprise, Monsieur, lorsque
passant du titre de ces Brochures à la
qualité de leurs Auteurs, & à celle des
motifs particuliers par lesquels ils prétendent autoriser leur réclamation, vous
avez remarqué qu'il ne se trouvoit ici
aucune de ces deux conditions essen-
tielles dont je viens de parler ?

D'abord, quant à la qualité des *Auteurs* : vous seriez-vous jamais attendu,
Monsieur, qu'au lieu de ces Magistrats ,
de ces Jurisconsultes consommés qui de-

vroient naturellement concourir à la réforme de ces Loix, comme ils l'ont fait
à leur formation *, vous ne trouveriez
parmi ceux qui fe préfentent aujourd'hui
pour réclamer cette réforme, que de fim-
ples fpéculateurs, que des *Philofophes* ;
(car c'eſt principalement fous cette qualité qu'ils s'annoncent dans ces Brochures, quoique quelques-uns d'eux pren-
nent auſſi celle d'*Avocat*, fans ofer toutefois s'en prévaloir pour prétendre avoir
joint la pratique à l'étude, qui font également néceſſaires dans cette matiere
pour en bien faifir l'efprit). Mais quoi
donc ? vous ferez-vous écrié fans doute :
quoi, des Philofophes font aujourd'hui
les feuls Repréfentans de la Nation
qui ofent attaquer notre Légiflation

---

* *Nihil tam naturale eſt unumquodque dif-*
folvi eo modo quo colligatum eſt. L. 35. ff. de
Regal. Jur.

Criminelle, qui s'ingérent à nous don=
ner des plans de réforme, par lesquels
ils prétendent foumettre aux fubtilités
de la Dialectique le fort de tout ce que
l'homme a de plus précieux, de fa vie &
de fon honneur ? C'eft, il faut l'avouer,
une nouveauté, un de ces phénomènes
dont nos Hiftoires ne nous fourniffent
aucun exemple. A - t - on jamais vu, en
effet, rien de pareil dans les tems du plus
beau regne de la Philofophie chez les
Grecs & chez les Romains ? Les Socrate,
les Platon, les Ariftote qui ont toujours
paffé pour les plus grands Philofophes de
leur fiecle, ont - ils jamais été mis au
nombre des Légiflateurs de leur pays ?
Nous voyons bien à la vérité quelques
préceptes hafardés fur cette matiere dans
la République de Platon; mais qui ne
fait que cet ouvrage, qui n'étoit fondé
que fur la fimple théorie, n'a pas plutôt
paru qu'il a été relégué dans la claffe

[6]

des ouvrages de pure imagination : par
la raifon toute fimple que la Philofophie
n'a pour objet que de nous repréfenter
les hommes tels qu'ils devroient être ; au
lieu que l'objet principal de la Légiflation eft de nous les montrer tels qu'ils
font en effet.

Mais fans aller plus loin : que l'on
confulte l'Hiftoire de notre Nation ; l'on
défie d'y trouver aucun exemple d'une
tentative pareille à celle de nos Philofophes actuels. Sous les regnes qui ont
été les plus floriffans, parce qu'ils ont
produit les meilleures Loix, tels que
ceux des Charlemagne, des S. Louis, &
des Louis-le-Grand, a-t-on jamais vu
appeller des Philofophes dans les affem-
blées, foit publiques, foit particulieres,
qui fe font tenues pour la formation des
Loix ? En trouve-t-on aucun dans la
lifte de ces graves Perfonnages qui ont
préfidé à la rédaction des Capitulaires ;

des Pragmatiques - Sanctions, des Ordonnances faites aux Etats généraux d'Orléans, de Moulins & de Blois, & en dernier lieu de la fameuse Ordonnance Criminelle de 1670, qui a toujours été regardée parmi nous, (& même parmi les Nations voisines qui l'ont prise pour modele) comme contenant les Réglemens les plus sages sur cette matiere ? Et cependant, il faut convenir qu'il y avoit dans ces tems-là des Philofophes qui ne le cédoient sûrement point en doctrine, ni en patriotifme à ceux de nos jours. Par quel privilege, ou plutôt en vertu de quelle infufion particuliere ces derniers prétendroient-ils l'emporter sur les premiers en fait de fcience légiflative, & entrer dans une carriere que leurs Maîtres n'ont jamais ofé tenter ? Que diroient les Defcartes, les Mallebranche, les Pafcal, &c. s'ils voyoient ce que nous voyons aujourd'hui ? ou plutôt Que diroient les Lifet (*a*), les Bourdin (*b*), les Ayraut (*c*), & tant d'autres profonds Magiftrats qui fe font occupés avec tant de foin à nous développer l'efprit de ces Loix qu'ils ne poffédoient fi bien que parce qu'ils les avoient pratiquées eux-mêmes, s'ils voyoient tourner ainfi en dérifion le fruit de leur veilles ? Que doit penfer aujourd'hui M. Jouffe, de voir mettre au rebut les bons Commentaires qu'il nous a donné fur ces mêmes Loix, & qu'on le traduife ainfi, pour en rendre compte, au tribunal de nos Philofophes modernes ? Et enfin de quel œil nos premiers Magiftrats peuvent-ils voir qu'on entreprenne auffi ouvertement fur

---

(*a*) M. Lifet, premier Préfident du Parlement de Paris.

(*b*) M. Bourdin, Procureur-Général au même Parlement.

(*c*) M. Ayraut, Lieutenant-Criminel d'Angers.

(9)

leurs fonctions, jufqu'à vouloir faire dé-
pendre en quelque forte la fanction de
nos Loix de l'attache des ACADÉMIES?

MAIS écoutons nos prétendus Réformateurs; & fuivons-les dans le détail des
Motifs particuliers qui fervent de prétexte
à leur nouveau fyftême (je dis *prétexte*,
parce que ce fyftême n'eft, comme vous
l'allez voir, Monfieur, que la fuite d'un
autre encore plus dangereux), & vous
vous convaincrez bientôt que la fingu-
larité de ces motifs affortit parfaitement
à celle des qualités fur lefquelles ils prétendent fonder leur miffion.

Vous favez, Monfieur, que dans l'o-
rigine la Loi n'a été faite que pour le
crime *, tellement que fans le crime il
n'y auroit jamais eu de Loi. Vous favez

____

* *Legis virtus hæc eft imperare, vetare,
permittere, punire.* L. 7. ff. de Legib.

auſſi, que les Loix Criminelles ayant fin-
guliérement en vue de maintenir l'ordre
public pour le bien général de la ſociété,
leur objet principal dans l'impoſition des
peines, n'eſt point tant de corriger le
coupable, que de détourner, par la terreur de ſon ſupplice, les autres de ſuivre
ſon exemple : ſemblable à ces membres
gangrenés qu'il faut abſolument retrancher pour ſauver le reſte du corps.

C'eſt d'après ces principes qu'il faut
néceſſairement conclure que le véritable
eſprit de la Légiſlation Criminelle doit
tendre à la rigueur, plutôt qu'à la clémence, & ſur-tout dans un Gouvernement Monarchique tel que celui-ci, où le
Prince a confié l'exécution de ſes Loix à
des Magiſtrats, & s'eſt réſervé à lui ſeul
le droit de faire des graces. C'eſt auſſi par
cette raiſon, que nous voyons que nos
dernieres Loix ſont toujours plus rigou-
reuſes que les anciennes : tellement qu'il

y a des crimes qui n'étoient punis orī-
ginairement que par des peines pécu-
niaires, & qui le font aujourd'hui par des
peines afflictives & même capitales ;
parce que l'événement a fait voir (comme
il est dit dans le préambule de ces dernieres Loix *) que l'insuffisance des peines portées par les premieres n'avoit fait
jusqu'alors que favoriser le progrès des
crimes qu'elles se proposoient de déra-
ciner. C'est encore par la même raison
que nous voyons cette rigueur des peines
s'être accrue successivement à mesure que
notre Nation est devenue plus policée,

----

* « A cette CAUSE , voyant que c'est une
» chose qui pullule & multiplie chaque jour ,
» afin de donner plus grande peur & terreur à
» ceux qui s'en voudront mêler... » C'est ainsi
que s'explique entr'autres le Roi François I dans
le préambule de son Ordonnance de 1 5 3 1
contre les Notaires & les Témoins faussaires.

& l'autorité de nos Loix plus affermie : tellement que l'on peut dire avec affurance que, s'il fe trouve dans l'hiftoire de notre Légiflation quelqu'exemple de relâchement en cette matiere, ce n'a jamais été que fous les regnes les plus foibles & les plus orageux. Nous pourrions citer à ce fujet les Edits de Pacification & autres femblables Loix de *Circonftances* qu'on fait n'avoir fait que pallier les défordres, au lieu de les détruire.

Cela pofé : quand il feroit vrai , comme le fuppofent nos Philofophes, que depuis la publication de nos dernières Loix, il fe feroit gliffé quelques abus dans l'adminiftration de notre Juftice Criminelle, ces abus n'auroient pu venir que de l'une ou l'autre de ces deux fources : ou de *l'inexécution* de ces mêmes Loix; & dans ce cas il n'y auroit autre chose à faire aujourd'hui, que de les remettre en vigueur par une nouvelle Loi qui porteroit des injonctions & des peines particulières contre ceux qui négligeroient de les faire exécuter : ou bien de *l'insuffisance* des peines qui auroient été portées par ces dernières Loix ; & alors il faudroit nécessairement les reformer pour en *augmenter* la rigueur, comme le seul vrai moyen de contenir les coupables : car de ne les réformer que pour en adoucir les peines, ce seroit, comme nous l'avons dit, dénaturer absolument notre Législation Criminelle ; puisqu'un pareil adoucissement (sur-tout dans un siècle aussi corrompu que le nôtre) serviroit moins de frein que d'encouragement au crime : l'expérience de tous les tems ayant fait voir qu'on ne pouvoit arrêter le progrès de ce mal contagieux que par les remèdes les plus violens.

C'eſt cependant, (l'auriez-vous cru, Monſieur, ſi ces Brochures ne vous l'avoient appris) c'eſt ce même adouciſſement des peines, c'eſt l'humanité, c'eſt en un mot la tolérance qui fait la baſe du ſyſtême de nos nouveaux Réformateurs ; c'eſt-là le refrein ordinaire du jargon philoſophique de nos jours ; c'eſt le cri de guerre ſous lequel ils viennent tous ſe rallier : & ce qui ne vous aura pas paru moins ſingulier ſans doute, c'eſt qu'en même tems qu'ils voudroient faire pencher ainſi la balance du côté de la douceur, ils oſent reprocher à notre Légiſlation de ne point garder une proportion exacte entre le crime & ſa peine.

Mais d'abord, qu'il nous ſoit permis de demander à ces MM. les Philoſophes ce qu'ils veulent nous dire, par cette proportion exacte qu'ils font ſonner ſi haut ? L'entendent-ils dans le ſens de la

(15)

Loi Romaine * , qui veut que dans
l'impofition des peines, le Juge n'affecte
ni rigueur ni clémence, mais qu'il les
applique fuivant l'exigence des cas, *pro
ut quæque res expoftulat*, c'eft-à-dire, en
puniffant de peines légères les crimes
légers, & de peines rigoureufes les crimes graves? L'on conviendra volontiers
avec eux de la fageffe de cette maxime
générale ; mais il faut auffi qu'ils con-
viennent en même tems de deux autres
principes également certains en cette
matière & qui fe trouvent auffi confacrés
par le même Droit Romain * * : l'un que
nous avons déja indiqué plus haut, c'eft
que les peines ayant été établies prin-

___

* *Perfpiciendum eft Judicanti ne quid aut du-
rius aut remiffius conftituatur quam caufa de-
pofcit, fed perpenfo judicio prout quæque res
expoftulat ftatuendum eft.* L. 11. ff. de Pœnis.

** *N*ᵃ. Je cite ici avec d'autant plus de con-
fiance les Loix Romaines que, quoiqu'elles n'ayent

cipalement pour l'exemple *; c'eſt par conſéquent moins par les impreſſions qu'elles peuvent faire ſur la perſonne du coupable, que par celles qu'elles font ſur l'eſprit du peuple qui en eſt le témoin, que l'on doit juger de leur plus ou moins de rigueur, & conſéquemment a'aſſurer ſi elles ont une proportion exacte avec le crime pour lequel elles ſont infligées. Un autre principe non moins conſtant, c'eſt que le même crime ne doit pas toujours être puni de la même manière : l'on veut dire que, comme il y a de certains crimes qui, quoique légers de leur nature, peuvent néanmoins devenir

---

pas une autorité coactive parmi nous, elles y ſont au moins regardées comme *raiſon écrite*, & qu'en cette qualité elles ne peuvent être dé-ſavouées par nos Philoſophes qui font conſiſter toute leur ſcience dans le ſimple raiſonnement.

* *Ut & conſpectu deterreantur alii ab iiſd. facinoribus.* L. Capitalium, ff. de Pœnis.

extrêmement

extrêmement graves par les circonſtances
dont ils ſont accompagnés, à cauſe du
danger des conſéquences qui en peuvent
réſulter pour l'ordre public, ſoit par
la qualité des perſonnes qui les commet-
tent, ou envers qui ils ſont commis (a),
ſoit par les récidives du coupable,
ſoit par la multiplicité des crimes du
même genre, commis par différentes
perſonnes (b), ſoit enfin par le tems, ou
par le lieu où ces crimes ont été commis (c) : c'eſt alors moins par la nature
de ces crimes que par leurs circonſtances

(a) *In cauſis ex Perſonarum conditione & re-
rum qualitate diligenter Pœnæ ſunt æſtimandæ.*
L. 4. ff. ex Incendio.

(b) *Creſcentibus delictis pœnæ exaſperantur...
Multis perſonis graſſantibus exemplo opus eſt.*
L. 16. §. 10. ff. de Pœnis.

(c) *Tempus diſcernit furem diurnum à noc-
turno... Locus facit ut idem vel furtum vel ſacri-
legium ſit.* L. aut facta, 16. §. 4 & 5 ff. de Pœnis.

B

que doit se régler la proportion exacte qu'il faut garder dans leur punition.

C'est aussi par une suite de ce principe que nous voyons que dans de certaines Loix, le Prince ne juge pas à propos de déterminer précisément la peine du crime, & qu'il s'en rapporte sur ce point à la prudence des Juges, à cause de la diversité des circonstances dont ce crime peut être susceptible ; & qu'il y en a d'autres, où après avoir marqué la peine, le Législateur laisse aux Juges la faculté d'en augmenter la rigueur dans les cas où ces crimes se trouveroient accompagnés de certaines circonstances qui les rendroient atroces, comme *v. g.* en fait de Blasphême * & de Rapt de séduction ** qu'il y en a enfin où le

---

* Voyez la Déclaration du 30 Juillet 1666.
** Voy. l'art. 3 de la Déclaration du 22 Novembre 1730.

Légiflateur juge à propos de modérer la rigueur de certaines peines que les Tribunaux font en ufage de prononcer pour de certains crimes , lorfque ces peines lui paroiffent trop fortes ; comme nous en avons un exemple remarquable dans la Déclaration de 1730 * qui abolit l'ufage où étoit le Parlement de Bretagne de prononcer la peine de mort contre les jeunes gens qui refufoient d'époufer les filles dont ils avoient abusé. Mais qu'il y ait des Loix par lefquels le Prince ; après avoir déterminé une peine quelconque , ait laiffé aux Juges la faculté d'en modérer la rigueur ; & pareillement qu'il y en ait quelqu'une par laquelle il ait changé les Loix précédentes , uniquement pour en modérer les peines : c'eft encore une fois, ce dont l'hiftoire

---

* Voyez le préambule de la même Déclaration de 1730.

B 2

de notre Législation ne nous fournit aucun exemple. Vainement prétendroit-on argumenter ici de la disposition de l'Ordonnance des Eaux & Forêts * qui défend de prononcer désormais, pour fait de délits de Chasse, la peine de mort qui avoit d'abord été portée par l'Ordonnance de 1601, *à moins* (ajoute cette dernière Loi) *qu'il n'y ait d'autre crime mêlé qui puisse mériter cette peine.* Qui ne sent qu'une pareille disposition, qui est fondée avec raison sur ce qu'il ne peut jamais se trouver, dans aucun cas, une proportion exacte entre la peine de mort & ces sortes de délits considérés séparément de tous les autres, est une Exception particulière à la Régle générale que nous venons d'établir, & qui ne sert qu'à la confirmer pour le surplus.

---

* Voyez l'art. 2. du Titre des Chasses de l'Ordonnance de 1669.

(21)

Ce n'eft pas au refte (& nous en conviendrons également avec nos Partifans de l'humanité) qu'il n'y ait des cas où l'on ne doive pencher abfolument du côté de la douceur : l'on veut parler fingulièrement de celui où il s'agit de la défenfe des Accufés ; parce que l'innocence devant naturellement fe préfumer, les régles de la Juftice d'accord fur ce point avec celles de l'humanité, veulent que, lorfqu'il y a égalité de voix pour & contre ces mêmes accufés, l'on préfere toujours l'avis qui leur eft le plus favorable, & que dans le doute l'on fe détermine pour leur décharge. Je fuis moi-même tellement éloigné de combattre une pareille maxime, qu'il n'a pas tenu à moi de lui donner le plus d'extenfion poffible, comme vous avez pu le voir, Monfieur, par le petit Mémoire inféré à la fuite de ma collection des Loix Criminelles, où j'ai cru devoir hafarder (sans oser me flatter du succès) mes observations particulières sur de certains points de notre instruction Criminelle qui me paroissent un peu trop rigoureux pour les accusés.

C'est aussi la faveur de ces mêmes accusés, qui a servi sans doute de motif à la nouvelle Loi par laquelle notre auguste Monarque vient d'abolir l'usage de la *Question préparatoire* : Loi qui au surplus (quoiqu'en veuillent dire nos Tolérans) bien loin de porter aucune atteinte anx principes que nous venons d'établir , n'a fait que les confirmer de la manière la plus précise ; en ce qu'elle a moins eu pour objet de modérer la rigueur des peines, que celle de l'instruction : tellement qu'elle laisse subsister la *Question préalable* qui ne regarde que les accusés condamnés pour crimes. Aussi voit-on que, pour empêcher que la suppression de la Question préparatoire ordonnée par cette Loi ne puisse tirer à conséquence, le Prince a soin d'y ajouter ces trois modifications * qui ne laissent aucune ressource à nos prétendus Réformateurs. La première, par laquelle il déclare ne s'être déterminé à cette suppression que d'après *les refléxions & l'expérience des premiers Magistrats.* La seconde, qu'il y a été

---

* « Nous ne pouvons nous refuser aux ré-
» flexions & à l'expérience des premiers Ma-
» gistrats. . . Nous ne pensons donc pas devoir
» différer de faire cesser un pareil usage, &
» d'annoncer en même tems à nos Peuples que,
» si par un effet de notre clémence naturelle,
» nous nous relâchons en cette occasion de
» l'ancienne sévérité des Loix, nous n'enten-
» dons pas toutefois restraindre leur autorité
» par rapport aux autres voies qu'elles pres-
» crivent pour constater les délits & les crimes,
» & pour punir ceux qui en seront duement
» convaincus ».

porté par un *pur effet de sa clémence naturelle.* (Clémence que Sa Majesté a en effet porté plus loin à cet égard que ne l'ont jamais fait les Empereurs Romains dans les premiers tems où cette Question étoit princialement réservée pour les Esclaves ; puisqu'ils ont toujours eu soin d'excepter nommément, parmi les personnes libres, les accusés de crimes de Lèze-Majesté & d'autres crimes les plus atroces *). La troisième enfin , qu'il n'entend point restraindre en cela l'autorité des Loix, pour les autres dispositions qui concernent *la preuve & la punition des crimes.*

Cependant, malgré des dispositions aussi claires ; malgré des principes aussi cons-

---

* *Majestatis tantummodo reos & quæ nefanda dictu sunt conscios aut molientes ex ordine municipali maneat tam cruenta conditio.* L. 16; Cod. de Quæstionib.

tans que ceux que nous venons d'établir; auriez - vous pu imaginer , Monſieur, que nos Philoſophes ne veulent point encore s'en tenir-là ; & que , ſi on les en croit , ce n'eſt pas ſeulement ſur de ſimples accuſés , mais ſur les coupables même *convaincus de crimes* , que doit porter l'indulgence dont ils parlent : & encore de quels crimes ? De ces crimes d'autant plus puniſſables qu'ils ne ſont devenus que plus fréquens par l'inexé-cution des Loix qui les concernent; tels que les Suicides, les Duels, les In-fanticides , les Vols domeſtiques &c. Ce n'eſt pas tout : il y a même de cer-tains crimes plus graves encore , pour leſquels ils ne ſe contentent pas de de-mander une ſimple modération de peines ; mais ils vont même juſqu'à inſinuer qu'il faudroit abſolument retrancher celles portées contr'eux par nos Loix; parce qu'ils ne ſont point *diſent-ils* , du reſſort de la Juſtice humaine , & qu'ils ont Dieu ſeul pour vengeur. L'on conçoit bien qu'ils veulent parler du Blaſphême, de l'Athéiſme & autres de cette eſpèce qui tendent à favoriſer cet eſprit de *Tolérance* qu'on s'efforce d'introduire dans la Juriſprudence, comme dans la Religion.

C'eſt ainſi , comme vous voyez , Monſieur , qu'au lieu de s'occuper du ſoin de protéger l'innocence ; de veiller à la ſûreté des honnêtes gens ; de cette portion la plus ſacrée de la Société que nos Loix ont principalement en vue ; nos Philoſophes modernes, oublians entièrement les vrais intérêts de l'humanité*, ſemblent ne vouloir réſerver leur commiſération que pour les membres de cette même ſociété qui en ſont les moins dignes, puiſqu'ils ne ſont que la déshonorer, & qu'ils en ſont les deſtructeurs.

---

* *Qui malis parcit , bonis nocet.*

C'eſt ainſi, en un mot, que ſous pré‑
texte de vouloir nous éclairer, & nous
tirer de la barbarie & de l'ignorance
des premiers ſiècles, ces nouveaux Doc‑
teurs ne cherchent qu'à nous y replonger
plus que jamais, par le mépris & les
préjugés odieux qu'ils s'efforcent d'inſ‑
pirer contre les Loix, & contre ceux
qui ſont chargés de les faire exécuter ;
ou qui s'occupent du ſoin de les faire
connoître

Je m'arrête ici, Monſieur, perſuadé
que le danger de toutes ces conséquences
dont le détail paſſeroit les bornes d'une
Lettre, n'aura point échappé à votre
ſagacité & à vos lumières. Mais après
tout, cette foule d'exemples, que vous
avez ſous les yeux, des funeſtes effets
qu'ont déja produit le mépris & l'ine‑
xécution des Loix ; ces maximes répu‑
blicaines ; ou plutôt cet eſprit d'anarchie

& d'infubordination qui fait gémir fi fort depuis quelque tems les Peres , Meres , Maîtres , & généralement tous les Supérieurs ; en un mot tout ce déluge de maux qui en font la fuite, & dont vient de nous tracer un tableau auffi pathétique qu'effrayant l'éloquent Magiftrat fur le Requifitoire duquel a été rendu l'Arrêt mémorable qui a flétri un des ouvrages les plus monftrueux en ce genre * : tout cela vous en aura fans doute plus appris que je ne pourrois vous en dire dans cet écrit. Vous n'ignorez pas

---

* V. l'Arrêt du Parlement du 15 Mai dernier, qui , fur le Requifitoire de M. l'Avocat Général Seguier, condamne un Imprimé en 10 *vol. in-8°*, ayant pour titre : *Hiftoire Philofophique & Politique* , *&c.* par GUILLAUME-THOMAS RAINAL , à Geneve en 1780 , à être lacéré & brûlé par l'Exécuteur de la Haute-Juftice , & qui décrete en conféquence de prife de corps l'Auteur.

d'ailleurs que j'ai déja eu l'occasion de m'expliquer plus amplement à ce sujet dans un petit Ouvrage que j'ai donné il y a quelques années, & que vous retrouverez à la suite de ma collection des Loix Criminelles, sous le titre de *Réfutation du Traité des délits & des peines*: de ce fameux Traité qui a été comme le signal de cette guerre ouverte qu'on fait aujourd'hui à nos Loix ; Traité dont j'ose néanmoins me flatter d'avoir combattu les fausses maximes avec tant de succès, parce que je n'ai parlé que d'après les Loix, ou plutôt d'après les sages motifs qui ont présidé à leur disposition ; que non-seulement ma Réfutation n'a essuyé jusqu'ici aucune replique, mais que j'ai même eu la satisfaction de voir que dans la Préface de la dernière Edition qui a été faite de ce Traité en 1773, l'éditeur n'a pu s'empêcher de rendre hommage à la solidité de mes principes, par l'aveu qu'il y fait que les erreurs que je reproche à l'auteur de ce Traité ne viennent vraisemblablement que de l'ignorance où il étoit, en sa qualité d'Etranger, des maximes de notre Jurisprudence Françoise *.

La modestie & l'ingénuité de cet aveu, auroit dû, ce semble, servir de leçon au jeune Avocat qui, dans un article du Mercure de France du mois de Décembre dernier *, a entrepris de venger ce Traité par une Critique des plus amères qu'il y fait de ma Collection des Loix Criminelles, malgré les témoignages les plus flatteurs que venoient d'en rendre les autres Journaux, & en particulier celui des Savans du mois de Novembre précédent.

V. Nº. 50.

---

* « On ne peut que louer, *ce sont ses termes*, » le zèle & le motif du Critique François : » nous dirons seulement que notre Auteur » n'ayant parlé des Loix qu'en général sans ac-

Il me suffira, Monsieur, pour vous faire juger de toute la valeur de cette Critique, & si elle méritoit une Réponse sérieuse de ma part, de vous observer que ce n'est qu'après avoir qualifié nos Loix Criminelles, en général, de *simples usages qui avoient varié & pouvoient varier encore* ... de maniere qu'un *Ouvrage fait sur ces Loix ne pouvoit être que mauvais & devenir incessamment inutile*, que ce nouvel Antagoniste se déchaîne avec la plus grande fureur contre ma Collection qu'il traite de *simple compilation* ... *sans principes* .... *sans Logique* ... *sans discussion* ... *quoique l'Auteur n'y ait pas épargné*, dit-il, *les Chapitres, les Sections*

» ception de tems ni de lieu, comme il le dit
» lui-même, l'on auroit pu se dispenser de lui
» supposer des vues & des principes qui ne sont
» ni dans son cœur ni dans ses écrits, & de
» prendre parti pour la *Jurisprudence Françoise*
» *qu'il ne connoissoit probablement pas alors* ».

& les Paragraphes.....&comme ne conte-
nant rien d'ailleurs que ce qui se trouve
dans les autres Criminalistes, dont je ne
me suis distingué, ajoute-t-il, que par
l'INSENSIBILITÉ que je fais paroître
dans la description que je donne des diffé-
rens genres de Supplices, & par l'AR-
DEUR DE MON ZELE à venger la Re-
ligion contre les Impies & les Libertins...

Vous avez sçu sans doute, Monsieur,
que plusieurs Citoyens zèlés, qui n'ont pu
tenir contre une Critique aussi malhon-
nête & aussi inattendue de la part d'un
Coopérateur du *Mercure Galant* fait tout
au plus pour l'annonce des ouvrages de
ce genre, ont bien voulu se charger d'y
répondre par trois différens Ecrits qui
ont paru successivement dans les Journaux * : & comme ils ont reproché en-

---

* V. les *Affiches de Province* N°. 4, qua-
trieme feuille Hebdomadaire.... V. le *Journal*

tr'autres

tr'autres à notre Cenſeur l'*incognito* qu'il a jugé à propos de garder dans l'article qui contient cette Critique, il vient enfin de chercher à ſauver ce ridicule, en prenant le parti de ſe déclarer ouvertement l'Auteur de ce même article, dans un autre du même Journal du mois dé Mai dernier *, où il prétend en même V. N°. 11. tems juſtifier ſa Critique par l'expoſition qu'il y fait d'un nouveau Plan de réforme ſous le titre modeſte de *Vues ſur la Juſtice Criminelle.*

MAIS ſi ce Juriſconſulte Journaliſte prétend, en déclinant ainſi ſon nom & ſes qualités, me forcer à entrer en lice avec lui, il ſe trompe fort. Quelque flatté que je ſois de l'honneur de ſa rivalité, il voudra bien permettre que je

---

Encycloped. du mois d'Avril dernier. V. le *Journal de Monſieur*, N°. 16.

C

m'abftienne de lui répondre. Car que
répondre après tout à un Critique qui
porte l'ignorance jufqu'au point & de
confondre une Collection avec un Traité,
en me reprochant un défaut de *difcuffion*
dans mon Ouvrage ; & de diftinguer deux
chofes abfolument fynonymes , en difant
que cet ouvrage eft divifé en *Sections*
& en *Paragraphes*. . . D'ailleurs , quelle
Réponfe plus victorieufe pourrois-je lui
oppofer, que celle qu'il vient de me four-
nir lui-même par la qualité de l'ouvrage
qu'il prétend faire fervir de contre-bat-
terie au mien ? Je ne puis trop , Monfieur , vous exhorter à en prendre lec-
ture : car je ne crois pas qu'il y ait rien
de plus propre à décréditer les nouveaux
fyftêmes , & à faire fentir l'impoffibilité
de leur exécution , que ces idées gigan-
tefques , ces entortillemens métaphyfi-
ques qui forment le tiffu de cette fingu-
liere production : tant il eft vrai que les

talens de l'esprit, de l'imagination,& les
sentimens du cœur sont des guides peu
sûrs & même dangereux en cette matiere; quand ils ne sont pas aidés des
lumieres de l'étude & de l'expérience.

Je suis ,

I Votre , &c.

MUYART DE VOUGLANS.

www.ingramcontent.com/pod-product-compliance
Lightning Source LLC
Chambersburg PA
CBHW051345060726
47596CB00004B/1773